孙中山箴言

图书在版编目(CIP)数据

孙中山箴言/孙中山著;《孙中山箴言》编辑组编. －北京:华夏出版社,2010.6
ISBN 978－7－5080－5776－7

Ⅰ.①孙… Ⅱ.①孙… ②孙… Ⅲ.①孙中山(1866～1925)－箴言 Ⅳ.①K827＝6

中国版本图书馆 CIP 数据核字(2010)第 102299 号

孙中山箴言
孙中山　著

责任编辑:	李雪飞
出版发行:	华夏出版社
	(北京市东直门外香河园北里4号　邮编:100028)
经　　销:	新华书店
印　　刷:	北京建筑工业印刷厂
装　　订:	三河市李旗庄少明装订厂
版　　次:	2010 年 6 月北京第 1 版　2010 年 6 月北京第 1 次印刷
开　　本:	787×1092　32 开
印　　张:	11.75
字　　数:	95 千字
插　　页:	2
定　　价:	29.00 元

本版图书凡印刷、装订错误,可及时向我社发行部调换

出版说明

思想家往往产生于大变动的时代。在 19 世纪和 20 世纪之交，处于数千年未有之大变局的中国，就产生了伟大的民主革命先行者孙中山先生。他不但是身体力行的革命家、伟大的政治家，而且还是影响深远的思想家。他根基于中国传统思想的土壤，吸纳西方现代民主共和意识，为中国的进步打开了闸门。考察近代中国历史，没有哪一位思想家的思想、理论能够超越孙中山。

孙中山先生毕生为民族独立、国家富强、民主自由、人民幸福而奋斗。他主张建立现代制度，一生坚持民主、民权、平等、博爱等先进的价值观，他所留下的丰厚的思想遗产，对今天的中国大众仍然有着巨大的启迪和教育作用。

为满足广大读者需要，我们根据《孙中山全集》（中华书局）编选了这本《孙中山箴言》，共收孙中山文字 332 条，略分为 15 类。全部文字均出自孙中山文稿和书信，为便于检索原文，每条都注明了出处。欢迎广大读者提出批评意见。

《孙中山箴言》编辑组
2010 年 6 月

孙中山 (1866—1925)

自序

自建國方畧之心理建設物質建設社會建設三書出版之後予乃從事草作國家建設以完成此帙國家建設較前各書獨大內涵民族主義民權主義民生主義五

手书民族主义序

民權主義第一講

十三年三月九日

諸君,今天開始來講民權主義。甚麼叫做民權主義呢?現在要把民權來定一個解釋,便先要知道甚麼是民。大凡有團體有組織的眾人就叫做民。甚麼是權呢?權就是力量,甚麼叫做力量呢?有勢力就是權。那些力量大到同國家一樣,就叫做權。機器的力,中國話說是馬力。外國話說是馬權。至於人權和力,實在是相同。通權為力。量最少的那些國家,中國話說列強,外國話便說列權。甚麼是權呢?又說力,有行使命令制服群倫的力量,就叫做權。把民同權合攏起來說,民權就是人民的政治。力量甚麼是叫做政治

孙中山民权主义手改稿

民生主义第一讲

十三年八月三日

诸君今天来讲民生主义，甚麽是呌做民生主义呢。民生两个字是中国古代的名词，这个名词究竟是创自甚麽时代我现在虽然没有考据出来，不过这个名词可说是老早已经有了。今天想就这个名词来下一个定义，可说民生就是人民的生存。照现在最新政治经济上的永名词解释来说，民生就是民众的生命便是。民众者众人之生活，众人之生存，众人之生命和生存这几个名词，人各有

如果再从定 义之定义 讲下去便是 玄之又玄民 为不明白了。

（眉批：也是众人之生活众人之生命但是民生包括…我现在就是用来讲…）

孙中山民生主义手改稿

孙中山箴言 | 目录

001 | 要做大事,不可要做大官

035 | 造就高尚人格

057 | 人类要在竞争中求生存

085 | 建设事业,必须学问

109 | 知难行易

127 | 天下为公

151 | 以担当中国改革发展为己任

 孙中山箴言

175 | 民权不是天生出来的

201 | 发扬民治之精神

229 | 图民生之幸福

267 | 开放门户

283 | 国家最大的问题就是政治

305 | 只有以人就法，不可以法就人

319 | 中国的觉醒

341 | 世界潮流，浩浩荡荡

孙中山箴言

要做大事，不可要做大官

要做大事,不可要做大官

天下安危,

匹夫有责。

先知先觉,

义岂容辞!

《致港督卜力书》(1900年6、7月间)
《孙中山全集》,第1卷,第192页

 孙中山箴言

士贵立志，

有万世之志，

有千年之志，

有数千百年之志，

如耶稣、孔子、释迦牟尼，寿命最长，

万世之志也。

科学发明家佛兰克林、牛顿诸人，

有功德于人民，

数千年之志也。

中国如郑康成、伏生等，

亦立数千年之志，绍开古来也。

《与刘成禺的谈话》（1902年春）
《孙中山集外集补编》，第134页

要做大事,不可要做大官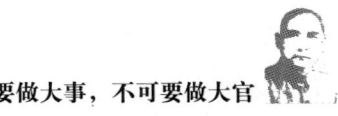

百姓无所知,

要在志士的提倡;

志士的思想高,

则百姓的程度高。

《在东京中国留学生欢迎大会的演说》(1905年8月13日)
《孙中山全集》,第1卷,第281页

 **孙中山箴言**

世之所谓英雄者,

不以挫抑而灰心,

不以失败而退怯。

《致黄兴函》(1915年3月)
《孙中山全集》,第3卷,第166页

要做大事,不可要做大官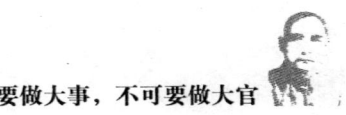

我不是神,我是人。

我是革命者,

我不能受社会恶习惯所支配。

《在东京对同志的声言》(1915 年 10 月 25 日)
《孙中山集外集补编》,第 181 页

孙中山箴言

其为国为公，

则天下从之；

其为己为私，

则天下弃之。

《规复约法宣言》（1916年6月9日）
《孙中山全集》，第3卷，第305页

要做大事，不可要做大官

夫事功在百世，

而权位不过一时。

《致段祺瑞函》（1916年6月23日）
《孙中山全集》，第3卷，第312页

孙中山箴言

凡职业无论大小,

官阶无论高卑,

若不能立志,

虽做皇帝,

做总统,

亦无事可做;

若能立志,

则虽做一小官,

做一工人,

亦足以成大事。

《在杭州督军署宴会上的演说》(1916年8月17日)
《孙中山全集》,第3卷,第342页

要做大事,不可要做大官

吾国人最喜作官,

不问其所学如何,

群趋于官之一途,

所学非所用,

是犹以庖人治衣,

安能尽职。

《在杭州陆军同袍社公宴会上的演说》(1916年8月18日)
《孙中山全集》,第3卷,第347页

 孙中山箴言

吾心信其可行,

则移山填海之难,

终有成功之日;

吾心信其不可行,

则反掌折枝之易,

亦无收效之期也。

《建国方略·孙文学说·自序》(1917—1919年)
《孙中山全集》,第6卷,第158—159页

要做大事,不可要做大官

以人言之,则有三系焉:

其一先知先觉者,为创造发明;

其二后知后觉者,为仿效推行;

其三不知不觉者,为竭力乐成。

有此三系人相需为用,

则大禹之九河可疏,

秦皇之长城能筑也。

《建国方略·孙文学说·第五章 知行总论》(1917—1919年)
《孙中山全集》,第6卷,第201页

 孙中山箴言

凡天下事必须同德同心，

不问其结果之若何，

一致进行，

不屈不挠，

方可成功。

《在宴请海军滇军官佐会上的讲话》（1918月1月20日）
《孙中山全集》，第4卷，第304页

要做大事,不可要做大官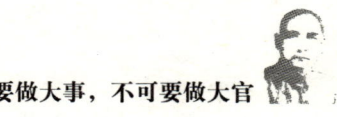

个人之去就其义小,
国家之存亡其义大。

《辞大元帅职通电》(1918年5月4日)
《孙中山全集》,第4卷,第471—472页

孙中山箴言

事功者一时之荣,

志节者万世之业。

《复于右任等电》(1918年9月15日)
《孙中山全集》,第4卷,第502页

要做大事,不可要做大官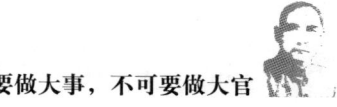

天下之事,
莫不成于艰难困苦之后,
但能打过此关,
则前途必日顺利。

《复曹俊甫王子中函》(1919年10月)
《孙中山全集》,第5卷,第158页

孙中山箴言

淡然权利,

一矢精诚,

此为成功基础,

……

《复翟汪电》(1920年10月4日)
《孙中山全集》,第5卷,第354页

要做大事,不可要做大官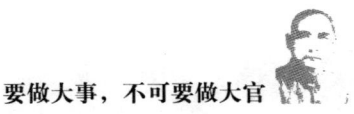

故死有重于泰山,

有轻于鸿毛者,

死得其所则重,

不得其所则轻。

《在桂林对滇赣粤军的演说》(1921年12月10日)
《孙中山全集》,第6卷,第34页

 孙中山箴言

今日之我,

其生也,

为革命而生我;

其死也,

为革命而死我,

死得其所,

……

《在桂林对滇赣粤军的演说》(1921年12月10日)
《孙中山全集》,第6卷,第34页

要做大事，不可要做大官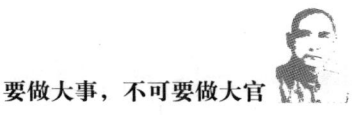

吾人生在恶浊世界中，

欲打破此旧世界，

铲除一切烦恼，

以求新世界之出现，

则必有高尚思想，

与强毅能力以为之先。

《在桂林对滇赣粤军的演说》（1921年12月10日）
《孙中山全集》，第6卷，第35—36页

 孙中山箴言

为国奋斗,

贯彻始终,

使小人屏足,

正气得申也。

《复焦易堂函》(1922年11月26日)
《孙中山全集》,第6卷,第624页

要做大事,不可要做大官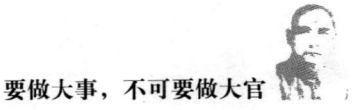

秣厉多劳,

惟努力报国!

《致蒋光亮函》(1922年12月30)
《孙中山全集》,第6卷,第656页

 孙中山箴言

真革命党,

志在国家,

必不屑于升官发财;

彼能升官发财者,

悉属伪革党,

此又何足为怪。

《批杨鹤龄函》(1923年1月16日)
《孙中山全集》,第7卷,第33页

要做大事，不可要做大官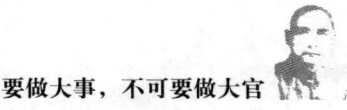

学生是读书明理的人，

是指导社会的，

若不能以先知觉后知，

以先觉觉后觉，

而苟且从俗，

随波逐流，

那就无贵乎有学生了。

《在广州全国学生评议会的演说》（1923年8月15日）
《孙中山全集》，第8卷，第114页

孙中山箴言

为党员者须一意办党，

不可贪图做官；

并当牺牲一己之自由，

以谋公众之自由。

《在广州国民党党务会议的讲话》（1923年10月10日）
《孙中山全集》，第8卷，第269页

要做大事,不可要做大官

如果党员的存心都以为要用党人做官,才算是以党治国,那种思想便是大错。

《在广州中国国民党恳亲大会的演说》(1923年10月15日)
《孙中山全集》,第8卷,第281页

 孙中山箴言

古今人物之名望的高大,

不是在他所做的官大,

是在他所做的事业成功。

如果一件事业能够成功,

便能够享大名。

所以我劝诸君立志,

是要做大事,

不可要做大官。

《在广州岭南学生欢迎会的演说》（1923年12月21日）
《孙中山全集》，第8卷，第535页

要做大事,不可要做大官

第一件是要立志。

立志是读书人最要紧的一件事。

《在广州岭南学生欢迎会的演说》(1923年12月21日)
《孙中山全集》,第8卷,第534页

 **孙中山箴言**

至于学生立志，

注重之点，

万不可想要达到什么地位，

必须要想做成一件什么事。

因为地位是关系于个人的。

达到了什么地位，

只能为个人谋幸福。

事业是关系于群众的，

做成了什么事，

便能为大家谋幸福。

《在广州岭南学生欢迎会的演说》（1923 年 12 月 21 日）
《孙中山全集》，第 8 卷，第 536 页

要做大事,不可要做大官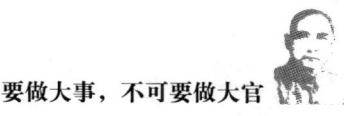

无论什么事,

只要能够彻底做成功,

便算是大事。

……

就自己喜欢所做的事彻底做去,

以求最后的成功,

中途不要喜新厌旧,见异思迁,

那便是立志。

《在广州岭南学生欢迎会的演说》(1923年12月21日)
《孙中山全集》,第8卷,第538页

孙中山箴言

我贡献诸君的,

就是要诸君立志,

要有国民的大志气,

专心做一件事,

帮助国家变成富强。

《在广州岭南学生欢迎会的演说》(1923年12月21日)
《孙中山全集》,第8卷,第542页

要做大事,不可要做大官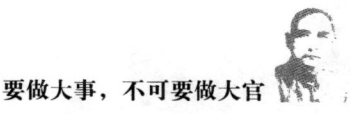

大家有大志气,

不可有小志气。

个人升官发财是小志气,

大家为国奋斗,

造成世界上第一个好国家,

才是大志气。

《对驻广州滇军的演说》(1924年3月24日)
《孙中山全集》,第9卷,第654页

 孙中山箴言

要从今天起立一个志愿,

一生一世,

都不存升官发财的心理,

只知道做救国救民的事业,

……

《在陆军军官学校开学典礼的演说》(1924年6月16日)
《孙中山全集》,第10卷,第293页

孙中山箴言

造就高尚人格

造就高尚人格

失败者,

进步之原因也。

盖失败而隳然气尽,

其不摇落者几希矣;

惟失败之后,

谨慎戒惧,

集思补过,

折而愈劲,

道阻且长,

期以必达,

……

《〈支那革命实见记〉序》,(1908年6月)
《孙中山全集》,第1卷,第375页

 **孙中山箴言**

物竞争存之义,

已成旧说,

今则人类进化,

非相匡相助,

无以自存。

《在广州岭南学堂的演说》(1912年5月7日)
《孙中山全集》,第2卷,第360页

造就高尚人格

牺牲之决心,

互助之精神,

万不容稍为松懈。

《澳洲国民党恳亲大会纪念词》(1912年9月17日)
《孙中山全集》,第11卷,第645页

 孙中山箴言

以其互助与牺牲之旨,

益多致同志以趋于救国之途,

此则真吾所跂而祝之者也。

《澳洲国民党恳亲大会纪念词》(1912年9月17日)
《孙中山全集》,第11卷,第645页

造就高尚人格

余以为人人心理中,

这一怕字,

当先除去,

然后才可有为。

《在上海报界公会欢迎会的演说》(1912年10月12日)
《孙中山全集》,第2卷,第495页

 孙中山箴言

有道德始有国家，

有道德始有世界。

《在东京中国留学生欢迎会的演说》（1913年2月23日）
《孙中山全集》，第3卷，第25页

造就高尚人格

乐观者,

成功之源;

悲观者,

失败之因。

《〈国民月刊〉出世辞》(1913年5月20日)
《孙中山全集》,第3卷,第63页

 孙中山箴言

中国国民之性质,

其最大之弊则为悲观。

自命高尚者流,

闭门谢客,

笑骂当世以为得,

而热心之极者,

更往往蹈海沉江,捐生弃世焉。

《〈国民月刊〉出世辞》(1913年5月20日)
《孙中山全集》,第3卷,第63页

造就高尚人格

物种以竞争为原则，

人类则以互助为原则。

社会国家者，

互助之体也；

道德仁义者，

互相之用也。

人类顺此原则则昌，

不顺此原则则亡。

《建国方略·孙文学说·第四章 以七事为证》（1917—1919年）
《孙中山全集》，第6卷，第195—196页

 孙中山箴言

文忧国之责,

未敢稍懈,

苟足以提倡正义,

振作斯民者,

亦愿尽其棉薄,

勉力图之也。

《复伍肖岩函》(1919年2月4日)
《孙中山全集》,第5卷,第16页

造就高尚人格

团结就是力量，

分裂导致灭亡。

《与何葆仁、朱承洵的谈话》（1919年6月10日）
《孙中山集外集补编》，第234页

 孙中山箴言

时事愈益艰难,

惟我主持正义者百折不回,

终当贯达。

《复唐继尧函》(1920年11月中旬)
《孙中山全集》,第5卷,第423页

造就高尚人格

当尝胆卧薪之日,

正惩前毖后之机。

《致蔡钜猷电》(1921年10月18日)
《孙中山全集》,第5卷,第619页

 孙中山箴言

仁与智不同,

于何见之?

所贵乎智者,

在能明利害,

故明哲保身,谓之智。

仁则不问利害如何,

有杀身以成仁,

无求生以害仁。

求仁得仁,

斯无怨矣。

《在桂林对滇赣粤军的演说》(1921年12月10日)
《孙中山全集》,第6卷,第22页

造就高尚人格

仁之种类，

有救世、救人、救国三者，

其性质则皆为博爱。

《在桂林对滇赣粤军的演说》（1921年12月10日）
《孙中山全集》，第6卷，第22页

 孙中山箴言

但所谓决心者,

须多数人决心,

合群力群策而为之,

非少数人所能集事。

《在桂林对滇赣粤军的演说》(1921年12月10日)
《孙中山全集》,第6卷,第35页

造就高尚人格

我们要人类进步,是在造就高尚人格。

要人类有高尚人格,

就在减少兽性,增多人性。

没有兽性,

自然不至于作恶。

完全是人性,

自然道德高尚;

道德既高尚,

所做的事情,

当然是向轨道而行,日日求进步,

所谓"人为万物之灵"。

《在广州全国青年联合会的演说》(1923年10月21日)
《孙中山全集》,第8卷,第316页

孙中山箴言

疾风然后知劲草,

盘根错节然后辨利器。

凡我同志,

此时尤当艰贞蒙难,

最后之胜利终归于最后之努力者,

……

《致海外同志书》(1923年12月26日)
《孙中山全集》,第6卷,第555—556页

造就高尚人格

余致力国民革命凡四十年，

其目的在求中国之自由平等。

积四十年之经验，

深知欲达到此目的，

必须唤起民众及联合世界上以平等待我之民族，

共同奋斗。

《国事遗嘱》（1925年3月11日）
《孙中山全集》，第11卷，第639页

孙中山箴言

人类要在竞争中求生存

人类要在竞争中求生存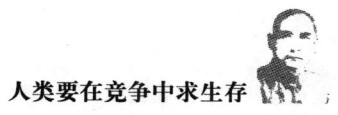

我们决不要随天演的变更，
定要为人事的变，
其进步方速。

《在东京中国留学生欢迎大会的演说》（1905年8月13日）
《孙中山全集》，第1卷，第281-282页

 孙中山箴言

时势者非自然也,

自然是自然,

时势是时势,

时势者纯乎人事之变迁也。

革命者,

大圣人、大英雄能为,

常人亦能为。

《平实开口便错》(1908年10月9日)
《孙中山全集》,第1卷,第388页

人类要在竞争中求生存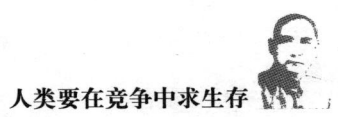

人生有死，

死有重轻，

死以为国，

身毁名荣。

《祭武汉死义诸烈士文》（1912年3月17日）
《孙中山全集》，第2卷，第242页

 孙中山箴言

凡事有利于人者,

未必有害于己。

《在广州军界欢迎会的演说》(1912年4月26日)
《孙中山全集》,第2卷,第345页

人类要在竞争中求生存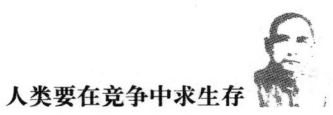

人不活动，

则为废人；

国不活动，

则为废国。

《在济南各团体欢迎会的演说》（1912年9月27日）
《孙中山全集》，第2卷，第481页

 **孙中山箴言**

天下事非以竞争为不将[①]**。**

当此二十世纪，

为优胜劣败、生存竞争之世界。

---

① "为不将"，《总理演说集》等版本作"不能进步"。

《在神户国民党交通部欢迎会的演说》（1913 年 3 月 13 日）
《孙中山全集》，第 3 卷，第 45 页

人类要在竞争中求生存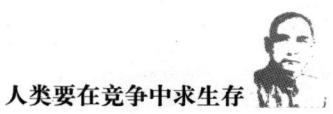

当今之世界，

以竞争而立，

又依此而发达。

《在日本参观济济黉时的演说》（1913年3月20日）
《孙中山集外集补编》，第128页

 孙中山箴言

夫事业以活动而成功,

活动以坚忍为要素,

世界万事,

惟坚忍乃能成功。

必有乐观之精神,

乃有坚忍之毅力,

有坚忍之毅力,

而后所抱持之主义乃克达其目的焉。

《〈国民月刊〉出世辞》(1913年5月20日)
《孙中山全集》,第3卷,第63页

人类要在竞争中求生存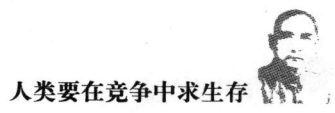

世界上人物，有新旧两种，

新人物有新思想、新希望，

所以凡事都步步往前；

旧人物反是，则步步退后。

此新旧二潮流，当不相容。

《在汕头各界欢迎会上的演说》（1917年7月12日）
《孙中山全集》，第4卷，第112页

 **孙中山箴言**

吾志所向,

一往无前,

愈挫愈奋,

再接再励,

用能鼓动风潮,

造成时势。

《建国方略·孙文学说·自序》(1917-1919年)
《孙中山全集》,第6卷,第157页

人类要在竞争中求生存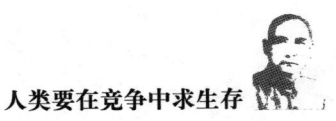

盖不平则鸣,

大多数人不能长为极少数人之牺牲者,

公理之自然也。

《建国方略·孙文学说·第二章 以用钱为证》(1917—1919年)
《孙中山全集》,第6卷,第178页

 孙中山箴言

夫进化者,

自然之道也。

而物竞天择,

适者生存,

不适者淘汰,

此物种进化之原则也。

《建国方略·孙文学说·第四章 以七事为证》(1917–1919年)
《孙中山全集》,第6卷,第195页

人类要在竞争中求生存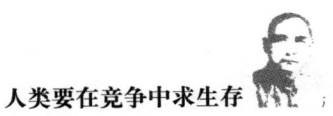

大凡天下事,

都从无意中做成,

若是始终一致,

亦决无难事。

《在宴请海军滇军官佐会上的讲话》(1918月1月20日)
《孙中山全集》,第4卷,第303页

 孙中山箴言

以公道正义为主张,

本乎良心之所安,

努力奋斗,

排除瑕秽,

庶真理总有战胜之日也。

《复黄如春函》(1919年3月13日)
《孙中山全集》,第5卷,第32页

人类要在竞争中求生存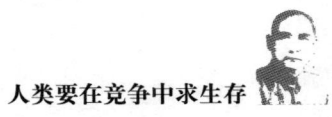

人生不过百年，

百年而后，

尚能生存否耶？

无论如何，

莫不有一死，

死既终不可避，

则当乘此时机，

建设革命事业。

《在桂林对滇赣粤军的演说》（1921年12月10日）
《孙中山全集》，第6卷，第34页

 孙中山箴言

余之谋中国革命,

其所持主义,

有因袭吾国固有之思想者,

有规抚欧洲之学说事迹者,

有吾所独见而创获者,

……

《中国革命史》(1923年1月29日)
《孙中山全集》,第7卷,第60页

人类要在竞争中求生存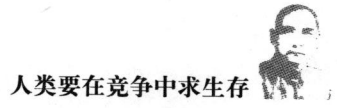

吾经数十年艰苦,

总不外持一"真"字为奋斗之工具,

……

《〈在广州宴请各军军官时的演说〉,附:同题异文》(1923年2月24日)
《孙中山全集》,第7卷,第134页

 孙中山箴言

中国大多数人的心理"宁为太平犬,不作乱离王"。
这种心理不改变,
中国是永不能太平的。
因为有这种心理,
所以样样敷衍苟安,
枝枝节节,
不求一彻底痛快的解决,
……

《在广州全国学生评议会的演说》(1923年8月15日)
《孙中山全集》,第8卷,第114页

人类要在竞争中求生存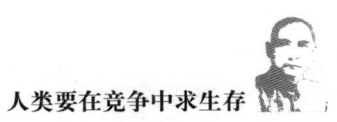

古人说:"死有重于泰山,有轻于鸿毛。"

盖人类牺牲的价值,

有比生命还要贵重的,

就是真理和名誉。

《在广州中国国民党恳亲大会的演说》(1923年10月15日)
《孙中山全集》,第8卷,第286页

 孙中山箴言

我们要得将来的大酬报,

眼前便不能不牺牲。

那种大酬报,

不是一年两年就可以得到的,

或者要十年八年二十年才可以得到。

凡百事业,

收效愈速,利益愈小;

收效愈迟,利益愈大。

《在广州中国国民党恳亲大会的演说》(1923年10月15日)
《孙中山全集》,第8卷,第286页

人类要在竞争中求生存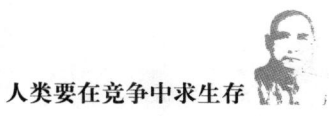

盖物的发达,

是由无抵抗的方面去,

而人的进化,

则由有抵抗的方面去,

此即人类奋斗之旨也。

《在中国国民党广州市全体党员大会上的训词》(1923年11月11日)
《孙中山全集》,第8卷,第391页

孙中山箴言

我不以不知便不奋斗,

我总是抱定我的宗旨,向前去做。

……

我为革命始终奋斗,

鞠躬尽瘁,

死而后已。

《在广州商团及警察联欢会的演说》(1924年1月14日)
《孙中山全集》,第9卷,第64页

人类要在竞争中求生存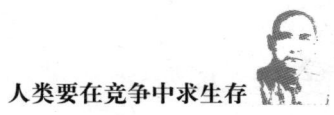

大凡人类对于一件事,

研究当中的道理,

最先发生思想;

思想贯通以后,

便起信仰,

有了信仰,

就生出力量。

《三民主义·民族主义·第一讲》(1924年1月27日)
《孙中山全集》,第9卷,第184页

 孙中山箴言

我们做一件事，

总要始终不渝，

做到成功，

如果做不成功，

就是把性命去牺牲亦所不惜，

……

《三民主义·民族主义·第六讲》（1924年3月2日）
《孙中山全集》，第9卷，第244页

人类要在竞争中求生存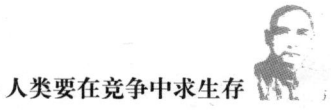

人类要在竞争中求生存,

便要奋斗,

所以奋斗这一件事,

是自有人类以来天天不息的。

《三民主义·民权主义·第一讲》(1924年3月9日)
《孙中山全集》,第9卷,第255页

 孙中山箴言

人类求解决生存问题,

才是社会进化的定律,

才是历史的重心。

《三民主义·民生主义·第一讲》(1924年8月3日)
《孙中山全集》,第9卷,第365页

孙中山箴言

建设事业，必须学问

建设事业,必须学问

多设学校,

使天下无不学之人,

无不学之地。

《致郑藻如书》(1890年)
《孙中山全集》,第1卷,第2页

 孙中山箴言

夫人不能生而知,

必待学而后知,

人不能皆好学,

必待教而后学,

……

《上李鸿章书》(1894年6月)
《孙中山全集》,第1卷,第8—9页

建设事业,必须学问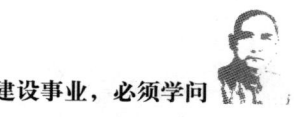

恻隐之心人人有之,

而济人之术则非人人知之。

不知其术而切于救人,

则误者恐变恻隐而为残忍矣,

而疏者恐因救人而反害人矣。

《〈红十字会救伤第一法〉译序》(1897年春夏间)
《孙中山全集》,第1卷,第108页

孙中山箴言

今日欲回复其人格,
第一件须从教育始。

《在广东女子师范第二校的演说》(1912年5月6日)
《孙中山全集》,第2卷,第358页

建设事业,必须学问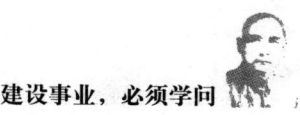

肩责之道若何,

无他,

勉术学问,

琢磨道德,

以引进人群;

愚者明之,

弱者强之,

苦者乐之而已。

《在广州岭南学堂的演说》(1912年5月7日)
《孙中山全集》,第2卷,第360页

 孙中山箴言

盖学问为立国根本,

东西各国之文明,

皆由学问购来。

《在北京湖广会馆学界欢迎会的演说》(1912年8月30日)
《孙中山全集》,第2卷,第422—423页

建设事业,必须学问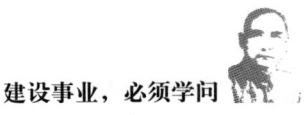

世界进化,

随学问为转移。

自有人类以来,

必有专门名家发明各种专门学说,

然后有各种政治、实业之天然进化。

《在北京湖广会馆学界欢迎会的演说》(1912年8月30日)
《孙中山全集》,第2卷,第423页

 **孙中山箴言**

建设事业,

必须学问,

……

《在东京中国留学生欢迎会的演说》(1913年2月23日)
《孙中山全集》,第3卷,第24页

建设事业,必须学问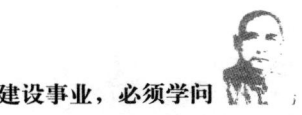

学问志愿,

两种并行。

有学问而无志愿,

不徒无益,

而反有害。

《在东京中国留学生欢迎会的演说》(1913年2月23日)
《孙中山全集》,第3卷,第24页

 孙中山箴言

念欲改革政治,

必先知历史,

欲明历史,

必通文字,

……

《在沪尚贤堂茶话会上的演说》(1916年7月15日)
《孙中山全集》,第3卷,第321页

建设事业,必须学问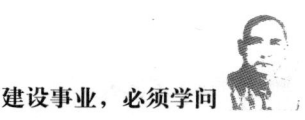

如能用古人而不为古人所惑,

能役古人而不为古人所奴,

则载籍皆似为我调查,

而使古人为我书记,

多多益善矣。

《建国方略·孙文学说·第三章 以作文为证》(1917–1919年)
《孙中山全集》,第6卷,第180页

 孙中山箴言

近世科学之发达,

非一学之造诣,

必同时众学皆有进步,

互相资助,

彼此乃得以发明。

《建国方略·孙文学说·第四章 以七事为证》(1917—1919年)
《孙中山全集》,第6卷,第192页

建设事业,必须学问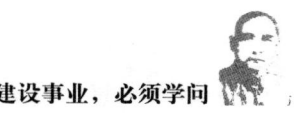

夫科学者,

统系之学也,

条理之学也。

凡真知特识,

必从科学而来也。

舍科学而外之所谓知识者,

多非真知识也。

《建国方略·孙文学说·第五章 知行总论》(1917—1919年)
《孙中山全集》,第6卷,第200页

孙中山箴言

太古之世,

人与兽争,

结果人胜。

渐进文明与野蛮争,

结果文明胜。

有知识与无知识争,

其结果有知识胜。

《在宴请滇军第四师官佐会上的讲话》(1918年1月18日)
《孙中山全集》,第4卷,第297页

建设事业,必须学问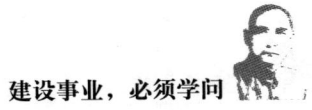

既学必求其通,

勿浅尝辄止也。

《与邵元冲的谈话》(1919年11月24日)
《孙中山全集》,第5卷,第166—167页

孙中山箴言

因为世界的文明,

要有知识才有进步;

有了知识,

那个进步才得快。

我们人类是求文明进步的,

所以人类便要求知识。

《在桂林学界欢迎会的演说》(1922年1月22日)
《孙中山全集》,第6卷,第68页

建设事业,必须学问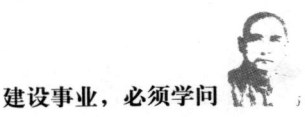

世界上文明的发达,

是在近来二百多年,

最快的是近来五六十年。

以后人类知识越发多,

文明的进步便越发快。

《在桂林学界欢迎会的演说》(1922年1月22日)
《孙中山全集》,第6卷,第68页

 孙中山箴言

学者底力量在社会上很大。

……

所以学者对于社会,对于国家,

负担有一种责任。

现在学者底责任,

是在要中国进步。

《在桂林学界欢迎会的演说》(1922年1月22日)
《孙中山全集》,第6卷,第70页

建设事业,必须学问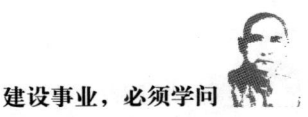

惟是人类的知识,

是天天进步的。

今日人类的知识,

和古时大不相同。

今日人类的知识,

多是科学的知识。

《在广州全国青年联合会的演说》(1923年10月21日)
《孙中山全集》,第8卷,第316页

 孙中山箴言

无论做什么事，

成功都是在有好方法。

方法是自何而得呢？

是自学问知识而得。

先有了学问，

便有知识；

有了知识，

便有方法。

《欢宴国民党各省代表及蒙古代表的演说》（1924年1月20日）
《孙中山全集》，第9卷，第105页

建设事业,必须学问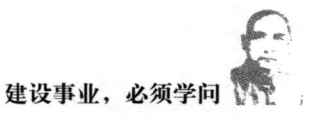

大学之旨趣,

以灌输及讨究世界日新之学理、技术为主,

而因应国情,力图推广其应用,

以促社会道义之长进,物力之发展副之。

《公布〈大学条例〉令》(1924年8月13日)
《孙中山全集》,第10卷,第530页

孙中山箴言

知难行易

知难行易

夫天下之事，

不患不能行，

而患无行之人。

方今中国之不振，

固患于能行之人少，

而尤患于不知之人多。

《上李鸿章书》（1894年6月）
《孙中山全集》，第1卷，第15页

 孙中山箴言

夫中国近代之积弱不振、奄奄待毙者,

实为"知之非艰,行之惟艰"一说误之也。

此说深中于学者之心理,

由学者而传于群众,

则以难为易,以易为难。

遂使暮气畏难之中国,

畏其所不当畏,而不畏其所当畏。

《建国方略·孙文学说·第五章 知行总论》(1917–1919年)
《孙中山全集》,第6卷,第198页

知难行易

当今科学昌明之世，

凡造作事物者，

必先求知而后乃敢从事于行。

所以然者，

盖欲免错误而防费时失事，

以冀收事半功倍之效也。

《建国方略·孙文学说·第六章 能知必能行》（1917—1919年）
《孙中山全集》，第6卷，第204页

 孙中山箴言

行其所不知者，

于人类则促进文明，

于国家则图致富强也。

是故不知而行者，

不独为人类所皆能，

亦为人类所当行，

而尤为人类之欲生存发达者之所必要也。

《建国方略·孙文学说·第七章 不知亦能行》（1917–1919年）
《孙中山全集》，第6卷，第223页

知难行易

盖人生行事,

惟顺其自然,

固未有于呱呱堕地时,

而预算至末日如何乃生世者。

《宴粤报记者时的讲话》(1918年1月23日)
《孙中山全集》,第4卷,第314页

 孙中山箴言

中国人有一种心理,

不知之事便不肯做,

必知之已真,

然后为之。

此种心理谓为好亦得,

谓为坏亦得。

何也?

盖天下事有不可知者甚多,

若必深知而后行,

则所成者甚寡。

《在广东省第五次教育大会闭幕式的演说》(1921年6月30日)
《孙中山全集》,第5卷,第567页

知难行易

又须知国强不能预知,

只实行做去便得;

若必想知清楚然后做,

天下断无此理者。

《在广东省第五次教育大会闭幕式的演说》(1921年6月30日)
《孙中山全集》,第5卷,第568页

 孙中山箴言

中国近两千多年文明不进步的原因,

便是在学术的思想不正当。

不正当的地方,

简单的说,

便是大家以为行是很难的,

知是很易的。

这种思想便误了中国,

便误了学者。

《在桂林学界欢迎会的演说》(1922年1月22日)
《孙中山全集》,第6卷,第70页

知难行易

不去行,

便无法可以证明所求的学问是对与不对;

不去行,

于是所求的学问没有用处。

到了以为学问没有用处,

试问那一个还再情愿去求学呢?

《在桂林学界欢迎会的演说》(1922年1月22日)
《孙中山全集》,第6卷,第71页

 孙中山箴言

如果要等到知了才行,

那么行的时候,

便非在几百年、几千年之后不可,

恐怕没有定期了。

所以我们人类,

有时候不知也要去行。

《在桂林学界欢迎会的演说》(1922年1月22日)
《孙中山全集》,第6卷,第73页

知难行易

就人群进化的道理说,

旧思想总是妨碍进步的,

总是束缚人群的。

我们要求人群自由,

打破进步的障碍,

所以不能不打破旧思想。

《在广州欢宴各军将领会上的演说》(1923年12月2日)
《孙中山全集》,第8卷,第469页

 **孙中山箴言**

要人心悦诚服，

不是一朝一夕、一言一动能够收效果的。

必要把我们的主义，

潜移默化，

深入人心，

那才算是有效果。

《在广州对国民党员的演说》（1923 年 12 月 30 日）
《孙中山全集》，第 8 卷，第 568 页

知难行易

难处是由于不知，

不是不能行，

是由于不知道怎么样去行。

《在广州对国民党员的演说》(1923 年 12 月 30 日)
《孙中山全集》，第 8 卷，第 576 页

 孙中山箴言

古人说"知易行难",
我的学说是"知难行易"。
从前中国百事都腐败的原因,
是由于思想错了。

《在广州对国民党员的演说》(1923年12月30日)
《孙中山全集》,第8卷,第577页

知难行易

本总理发明的学说是"知难行易",

如果知得到,

便行得到。

《欢宴国民党各省代表及蒙古代表的演说》(1924年1月20日)
《孙中山全集》,第9卷,第107页

 孙中山箴言

宇宙间的道理,

都是先有事实然后才发生言论,

并不是先有言论然后才发生事实。

《三民主义·民权主义·第一讲》(1924年3月9日)
《孙中山全集》,第9卷,第264页

孙中山箴言

天下为公

天下为公

夫人生世间，

对于一己方面，

此身似属我有，

行动似可自由；

然对于社会方面，

此身即社会之一份子，

亦不尽为我所有也。

《复吴稚晖函》（1911年8月3日）
《孙中山全集》，第1卷，第536页

 孙中山箴言

民心之所趋,

即国体之所由定也。

《劝告北军将士宣言书》(1912年1月5日)
《孙中山全集》,第2卷,第12页

天下为公

逆天者必受殃,

害人者终害己。

《致邓泽如及南洋国民党人函》(1913年12月25日)
《孙中山全集》,第3卷,第75页

 **孙中山箴言**

文以国家将亡，

责无旁贷，

誓竭心力，

以拯生民。

《致聂伟臣函》（1917年）
《孙中山全集》，第4卷，第283页

天下为公

人类进化之目的为何？

即孔子所谓"大道之行也，天下为公"，

耶稣所谓"尔旨得成，在地若天"，

此人类所希望，

化现在之痛苦世界而为极乐之天堂者是也。

《建国方略·孙文学说·第四章 以七事为证》（1917–1919 年）
《孙中山全集》，第 6 卷，第 196 页

孙中山箴言

一国之趋势，

为万众之心理所造成，

若其势已成，

则断非一二因利乘便之人之智力所可转移也。

《建国方略·孙文学说·第六章 能知必能行》(1917—1919年)
《孙中山全集》，第6卷，第207页

天下为公

国中之百官,

上面总统,

下面巡差,

皆人民之公仆也。

《建国方略·孙文学说·第六章 能知必能行》(1917—1919年)
《孙中山全集》,第6卷,第211页

孙中山箴言

夫国者,人之积也。

人者,心之器也。

国家政治者,

一人群心理之现象也。

是以建国之基,

当发端于心理。

《建国方略·孙文学说·第六章 能知必能行》(1917–1919 年)
《孙中山全集》,第 6 卷,第 214 页

天下为公

吾人为主义而战,

为正道而战,

自非奠定真正之共和不能自卸其责。

《复林修梅函》(1919年3月13日)
《孙中山全集》,第5卷,第34页

 孙中山箴言

天下为公。

《〈社会观〉序》(1920年3月1日)
《孙中山全集》,第5卷,第225页

天下为公

人类伦理上之最高善意,

决不能以孤立之抽象名词代表之,

亦非与世推移所能取得,

惟能及时努力抵抗,

或征服社会所公认之恶魔如桂匪者,

乃真善耳。

《致湖南省议会电》(1920年10月26日)
《孙中山全集》,第5卷,第375页

 孙中山箴言

教育家宜提倡民志,

则政治自易改良,

政治良好,

则教育不成问题矣。

《在广东省第五次教育大会闭幕式的演说》(1921年6月30日)
《孙中山全集》,第5卷,第568页

天下为公

大同世界即所谓"天下为公"。

要使老者有所养，

壮者有所营，

幼者有所教。

《在桂林对滇赣粤军的演说》（1921年12月10日）
《孙中山全集》，第6卷，第36页

 孙中山箴言

谋国不以诚意,

未有不误国者。

《致海外同志书》(1922年9月18日)
《孙中山全集》,第6卷,第549—550页

天下为公

人心就是立国的大根本。

《在广州中国国民党恳亲大会的演说》(1923年10月15日)
《孙中山全集》, 第8卷, 第283页

 孙中山箴言

我们人类的天职,

是应该做些什么事呢?

最重要的,

就是要令人群社会,天天进步。

《在广州全国青年联合会的演说》(1923 年 10 月 21 日)
《孙中山全集》,第 8 卷,第 315 页

天下为公

现在的青年,

便应该以国家为己任,

把建设将来社会事业的责任担负起来。

这种志愿究竟是如何立法呢?

我读古今中外的历史,

知道世界极有名的人,

不全是从政治事业一方面做成功的;

有在政权上一时极有势力的人,后来并不知名的;

有极知名的人,完全是在政治范围之外的。

《在广州岭南学生欢迎会的演说》(1923年12月21日)
《孙中山全集》,第8卷,第535页

 孙中山箴言

我们的祖宗是很富强的。

为什么现在贫弱一至于此呢?

……

推究这个原因,

是由于现在的人不能振作。

不能振作便是堕落,

堕落是很不好的性质,

我们必要消灭他才好。

《在广州岭南学生欢迎会的演说》(1923年12月21日)
《孙中山全集》,第8卷,第540页

天下为公

为四万万人谋幸福就是博爱。

《三民主义·民族主义·第二讲》(1924 年 3 月 16 日)
《孙中山全集》,第 9 卷,第 283 页

 **孙中山箴言**

人人的心理上都倾向共和，

中国才再不发生皇帝，

中国才可以富强。

《在广东第一女子师范学校校庆纪念会的演说》（1924年4月4日）
《孙中山全集》，第10卷，第32页

天下为公

现在文明进化的人类,

觉悟起来,

发生一种新道德。

这种新道德就是有聪明能力的人,

应该要替众人来服务。

这种替众人来服务的新道德,

就是世界上道德的新潮流。

《在岭南大学黄花岗纪念会的演说》(1924年5月2日)
《孙中山全集》,第10卷,第156页

 孙中山箴言

中国一日没有完全独立,

我便一日不情愿做总统;

要中国完全独立之后,

我才可以承认国民的希望。

《与门司新闻记者的谈话》(1924年12月1日)
《孙中山全集》,第11卷,第433页

孙中山箴言

以担当中国改革发展为己任

以担当中国改革发展为己任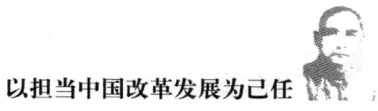

中国人民遭到四种巨大的长久的苦难：

饥荒、水患、疫病、生命和财产的毫无保障。

……

所有一切的灾难只有一个原因，

那就是普遍的又是有系统的贪污。

这种贪污是产生饥荒、水灾、疫病的主要原因，

同时也是武装盗匪常年猖獗的主要原因。

《中国的现在和未来》（1897年3月1日）
《孙中山全集》，第1卷，第89页

 **孙中山箴言**

在中国的政治改革派的力量中,

尽管分成多派,

但我相信今天由于历史的进展和一些感情因素,

照理不致争执不休,

而可设法将各派很好地联成一体。

《与横滨某君的谈话》(1900年8月中旬至21日间)
《孙中山全集》,第1卷,第198页

以担当中国改革发展为己任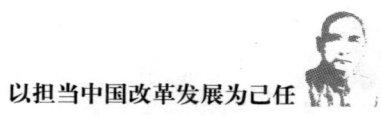

中国痼疾已深，

除推翻帝制外，

别无挽救之法。

《与喜嘉理的谈话》（1904年5月）
《孙中山集外集补编》，第24页

 孙中山箴言

当今之世,

中国非改革不足以图存。

但与清政府谈改革,

无异于与虎谋皮。

因此,必须发动民主革命,

推翻这个昏庸腐朽的政府,

为改革政治创造条件。

《与杨度的谈话》(1905年7月下旬)
《孙中山集外集补编》,第27—28页

以担当中国改革发展为己任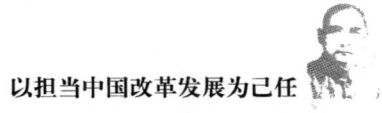

现代文明国家最难解决者,

即为社会问题,

实较种族、政治二大问题同一重要。

……

欲解决社会问题,

则平均地权之方法,

乃实行之第一步。

《在中国同盟会筹备会议的演说》(1905年7月30日)
《孙中山集外集补编》,第27页

 **孙中山箴言**

凡是革命的人,

如果存在一些皇帝思想,

就会弄到亡国。

《在东京〈民报〉创刊周年庆祝大会的演说》(1906年12月2日)
《孙中山全集》,第1卷,第326页

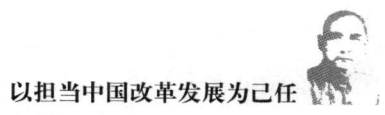

以担当中国改革发展为己任

任官授职，

必赖贤能；

尚公去私，

厥惟考试。

《咨参议院议决文官考试令等草案文》（1912年2月28日）
《孙中山全集》，第2卷，第134页

 孙中山箴言

舆论为事实之母,

报界诸君又为舆论之母,

……

《在广州报界欢迎会的演说》(1912年5月4日)
《孙中山全集》,第2卷,第356页

以担当中国改革发展为己任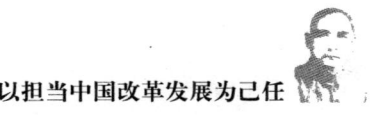

吾人非地不生活，

而地又为人人所共有，

故必地权平均，

而吾人始能平等。

《在山西同盟会欢迎会的演说》（1912年9月19日）
《孙中山全集》，第2卷，第473页

孙中山箴言

因前清专制政体,

人民无权利,

遂无义务的思想。

无自由平等的幸福,

自甘暴弃责任,

毫无竞争之心,进取之性。

此实吾国民至于贫弱之一大原因也。

《在山西实业界学界及各党派欢迎会的演说》(1912年9月20日)
《孙中山全集》,第2卷,第476页

以担当中国改革发展为己任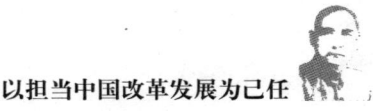

今后立国大计,

即首在排去专制时代之种种恶习,

乃能发现文明国家之新精神,

……

《在上海国民党恳亲会的演说》(1913年1月10日)
《孙中山全集》,第3卷,第2页

 孙中山箴言

我辈既以担当中国改革发展为己任，

虽石烂海枯，

而此身尚存，此心不死。

既不可以失败而灰心，

亦不能以困难而缩步。

精神贯注，

猛力向前，

应乎世界进步之潮流，

合乎善长恶消之天理，

则终有最后成功之一日。

《致邓泽如及南洋国民党人函》（1913年12月）
《孙中山全集》，第3卷，第74页

以担当中国改革发展为己任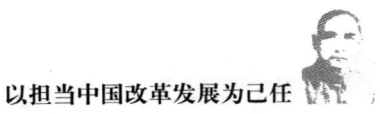

择人不求其多,
只求矢志实行之人,
能牺牲身命自由权利,
而为国家生民造幸福者,
乃能人选。

《复黄芸苏函》(1914年10月23日)
《孙中山全集》,第3卷,第128—129页

 孙中山箴言

夫国之贫弱,

必有一定之由也。

有以地小而贫者,

有以地瘠而贫者,

有以民少而弱者,

有以民愚而弱者,

此贫弱之四大原因也。

《建国方略·孙文学说·第七章 不知亦能行》(1917—1919年)
《孙中山全集》,第6卷,第223页

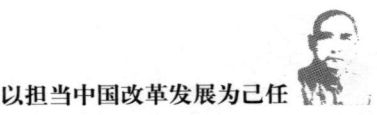

以担当中国改革发展为己任

无论在甚么地方，荒地开（垦）的时候，

初生出来的，一定是许多的杂草毒草，

决不会一起便天然生出五谷来的，

也不会忽然便发生牡丹、芍药来的。

这种经过，

差不多是思潮震荡时代的必然性，

虽是有害，

但也用不着十分忧虑的。

《与戴季陶的谈话》（1919年6月22日）
《孙中山全集》，第5卷，第71页

 孙中山箴言

惟政客则全为自私自利,阴谋百出;

诡诈恒施,廉耻丧尽;

道德全无,真无可齿于人类者。

……

多行不义必自毙,

国民之公论,

将不容尔矣!

《八年今日》(1919年10月10日)
《孙中山全集》,第5卷,第132页

以担当中国改革发展为己任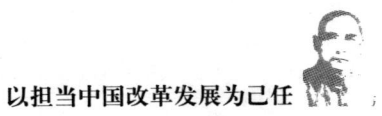

国与民弱且贫矣,

不思有以救之,

不可也;

救之而不得其道,

仍不可也。

《在桂林对滇赣粤军的演说》(1921年12月10日)
《孙中山全集》,第6卷,第29页

 孙中山箴言

改造国家者,

质言之,

即造成新世界,

于破坏之后,

加以建设之谓。

负此责任,

全在吾人之决心。

决心于何见之?

在夫精神。

《在桂林对滇赣粤军的演说》(1921年12月10日)
《孙中山全集》,第6卷,第35页

以担当中国改革发展为己任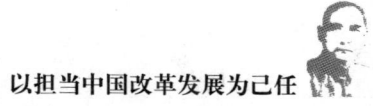

惟百政之修,

先当戒惰,

一年之计,

首在于春,

矧薪胆犹存,

匈奴未灭,

发皇光大,

责任尤多,

振革命精神,

为有恒奋斗,

……

《勉励各军训令》(1923年12月20日)
《孙中山全集》,第8卷,第531页

 孙中山箴言

中国实行改革政治的人,

最大的毛病都是自私自利,

许多英雄豪杰都想要做皇帝。

《在广州对国民党员的演说》(1923 年 12 月 30 日)
《孙中山全集》,第 8 卷,第 567 页

以担当中国改革发展为己任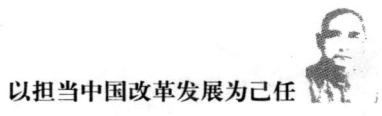

国家是人人的国家，
世界是人人的世界。

《在广州商团及警察联欢会的演说》（1924年1月14日）
《孙中山全集》，第9卷，第63页

 孙中山箴言

酿成经济组织之不平均者,

莫大于土地权之为少数人所操纵。

《中国国民党第一次全国代表大会宣言》(1924年1月23日)
《孙中山全集》,第9卷,第120页

孙中山箴言

民权不是天生出来的

民权不是天生出来的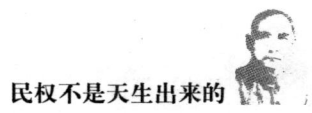

盖天下万事万物无不为平均而设，
如教育所以平均知识，
宫室衣服所以平均身体之热度，
推之万事，
莫不皆然。

《复某友人函》（1903年12月17日）
《孙中山全集》，第1卷，第228页

 孙中山箴言

盖民权之国必不容有帝制，

非惟心所不欲，

而亦势所不许也。

《与汪精卫的谈话》(1905年秋)
《孙中山全集》，第1卷，第290页

民权不是天生出来的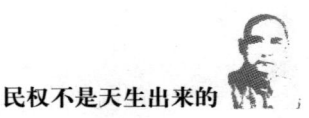

我们也是要求人权，
像法国大革命所作的一样。

《与法国〈时代〉杂志记者罗德的谈话》（1907年6月8日）
《孙中山集外集补编》，第36页

 孙中山箴言

今欲造成完全独立国，

不外乎谋共和之准备，

当以民权为本位，

保障民权为第一着。

《在北京军警界欢迎会的演说》（1912年8月30日）
《孙中山集外集补编》，第94页

民权不是天生出来的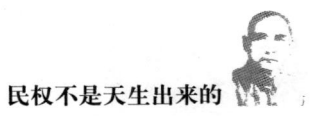

专制国家,

其利益全属于君主,

共和国家,

其利益尽归于国民,

此即共和与专制之特异点。

《在北京蒙藏统一政治改良会欢迎会的演说》(1912年9月1日)
《孙中山全集》,第2卷,第429页

孙中山箴言

共和国家,

既以人民为主体,

则国家为人人共有之国家;

既为人人共有之国家,

则国家之权利,

人人当共享,

而国家之义务,

人人亦当共担。

《在张家口各界欢迎会的演说》(1912年9月7日)
《孙中山全集》,第2卷,第451页

民权不是天生出来的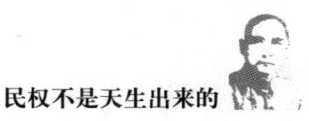

为防此少数人之专制，

凡属国民均有参政之权。

《在石家庄国民党交通部欢迎会的演说》（1912年9月21日）
《孙中山全集》，第2卷，第479页

孙中山箴言

既处于主人翁之地位，

则当把从前之奴隶性质，

尽数抛却，

各具一种爱国心，

将国家一切事件，

群策群力，

尽心办理，

万不能再视国家事为分外事。

《在芜湖各界欢迎会的演说》（1912年10月30日）
《孙中山全集》，第2卷，第537页

民权不是天生出来的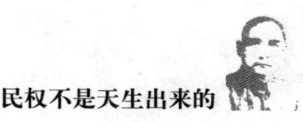

民权为人类进化之极则,
……

《建国方略·孙文学说·民权初步》(1917—1919年)
《孙中山全集》,第6卷,第414页

 孙中山箴言

方今国事颠跻,

根本之图,

自以鼓吹民气、唤醒社会最为切要。

《复李梦庚函》(1919年8月6日)
《孙中山全集》,第5卷,第91页

民权不是天生出来的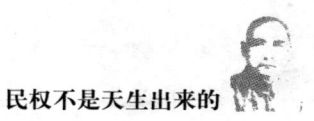

欲图根本救治，

非使国民群怀觉悟不可。

《复廖凤书函》(1919年8月28日)
《孙中山全集》，第5卷，第103页

孙中山箴言

民权者,民众之主权也。

《三民主义》(1919年)
《孙中山全集》,第5卷,第188页

民权不是天生出来的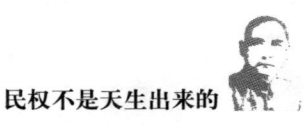

直接民权才是真正的民权。

……

人民有了直接民权的选举权，

尤必有罢官权，

选之在民，

罢之亦在民。

《在广东省教育会的演说》（1921年4月4日）
《孙中山全集》，第5卷，第497页

 孙中山箴言

人权既贵,

则人权之敌应排;

公理既明,

则公理之仇难恕。

《复廉泉函》(1923年1月17日)
《孙中山全集》,第7卷,第35页

民权不是天生出来的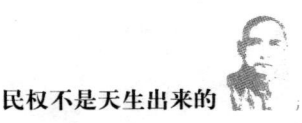

人类的政治思想极发达，

民权的学说极普遍，

更不可专用兵力。

必要人人心悦诚服，

都欢迎我们的主义，

那才容易成功。

《在广州对国民党员的演说》（1923年12月30日）
《孙中山全集》，第8卷，第568页

 孙中山箴言

政治两字的意思,

浅而言之,

政就是众人的事,

治就是管理,

管理众人的事便是政治。

有管理众人之事的力量,便是政权。

今以人民管理政事,便叫做民权。

《三民主义·民权主义·第一讲》(1924年3月9日)
《孙中山全集》,第9卷,第254–255页

民权不是天生出来的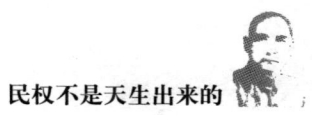

民权不是天生出来的,
是时势和潮流所造就出来的。

《三民主义·民权主义·第一讲》(1924 年 3 月 9 日)
《孙中山全集》,第 9 卷,第 264 页

 孙中山箴言

世界一天进步一天,

我们便知道现在的潮流已经到了民权时代,

将来无论是怎么样挫折,

怎么样失败,

民权在世界上总是可以维持长久的。

《三民主义·民权主义·第一讲》(1924年3月9日)
《孙中山全集》,第9卷,第266页

民权不是天生出来的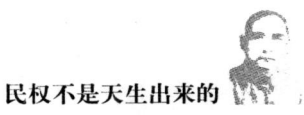

所以我们讲民权平等,

又要世界有进步,

是要人民在政治上的地位平等。

因为平等是人为的,

不是天生的;

人造的平等,

只有做到政治上的地位平等。

《三民主义·民权主义·第三讲》(1924年3月16日)
《孙中山全集》,第9卷,第286页

 孙中山箴言

有了民权,

平等自由才能够存在;

如果没有民权,

平等自由不过是一种空名词。

《三民主义·民权主义·第三讲》(1924年3月16日)
《孙中山全集》,第9卷,第294页

民权不是天生出来的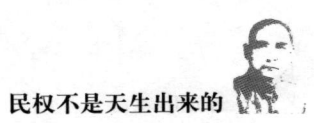

因为争得了民权,

人民方有平等自由的事实,

便可以享平等自由的幸福。

所以平等自由,

实在是包括于民权之内。

《三民主义·民权主义·第三讲》(1924年3月16日)
《孙中山全集》,第9卷,第294–295页

 孙中山箴言

如果民权不能够完全发达，

就是争到了平等，

也不过是一时，

不久便要消灭的。

《三民主义·民权主义·第三讲》(1924 年 3 月 16 日)
《孙中山全集》，第 9 卷，第 298 页

民权不是天生出来的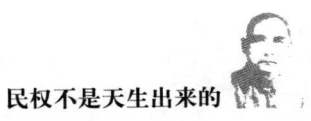

要把这个大权完全交到人民的手内,
要人民有充分的政权可以直接去管理国事。
这个政权,便是民权。

《三民主义·民权主义·第六讲》(1924年4月13日)
《孙中山全集》,第9卷,第347页

孙中山箴言

发扬民治之精神

发扬民治之精神

专制国之政治在于上,

共和国之政治在乎民。

将来国家政治之得失,

前途之安危,

结果之良否,

皆惟我国民是赖。

《在广州耶稣教联合会欢迎会的演说》(1912年5月9日)
《孙中山全集》,第2卷,第361页

 **孙中山箴言**

中国人民不但爱好和平,遵守秩序,

而且也浸染了选择自己的代表管理自己事务的观念。

我们所需要做的,

只是把这种民主观念付诸实行。

《中华民国》(1912年7月中下旬)
《孙中山全集》,第2卷,第393页

发扬民治之精神

专制的时候,

人人俱受官府监督,

共和政体,

人人皆是主人。

《在石家庄国民党交通部欢迎会的演说》(1912年9月21日)
《孙中山全集》,第2卷,第479页

 孙中山箴言

夫人类必至不平而后有争,

挟群以争,

尤必有其职志。

其为国为公,

则天下从之;

其为己为私,

则天下弃之。

《规复约法宣言》(1916年6月9日)
《孙中山全集》,第3卷,第304—305页

发扬民治之精神

自治者民国之础也,

础坚而国固,

国固则子子孙孙同享福利。

《在沪举办茶话会上的演说》(1916年7月17日)
《孙中山全集》,第3卷,第330页

孙中山箴言

盖建设国家,

譬如造屋,

必先将旧料拆去,

然后可建造新屋。

而建造新屋,

首重基础,

地方自治,

乃建设国家之基础。

《在浙江省议会的演说》(1916年8月18日)
《孙中山全集》,第3卷,第345页

发扬民治之精神

当今之国家，

非一人之国家，

乃我人民之国家。

既知国家为人民之国家，

国家之强弱，

人人有莫大之责任矣。

《在绍兴商会的演说》（1916年8月20日）
《孙中山全集》，第3卷，第349页

孙中山箴言

民意之不可抗，

犹过于君权之莫敢违。

《明正段祺瑞乱国盗权罪通令》(1917年10月3日)
《孙中山全集》，第4卷，第207页

发扬民治之精神

共和国家,

重在民治。

民之自治,

基于自觉,

欲民之自觉,

不可无启导诱掖之方。

《批居正呈令》(1917年10月8日)
《孙中山全集》,第4卷,第213页

 孙中山箴言

共和之真义在使人脱离奴隶,

凡百政制,

以民为主。

《在广州各界茶会上的讲话》(1918年1月9日)
《孙中山全集》,第4卷,第290页

发扬民治之精神

警吏为亲民之官,

务宜躬为模范,

以示公仆之责,

则庶为民治之初基。

《在广州警界宴会上的演说》(1918年1月28日)
《孙中山集外集补编》,第591页

 孙中山箴言

世界潮流群趋向于民治,

今日时事维艰,

然最后之成败,

自以民意之向背为断。

《复刘湘函》(1919年8月7日)
《孙中山全集》,第5卷,第92页

发扬民治之精神

几千年的专制政治,

他们所做的都是什么?

第一桩是向人民要钱。

第二桩是防备人民造反。

除此两桩以外,

别的事,样样都不管了。

《在上海民治学会的演说》(1919 年 12 月 20 日)
《孙中山全集》,第 5 卷,第 173 页

孙中山箴言

民国者,

民之国也。

为民而设,

由民而设,

由民而治者也。

《为居正题词》(1919年)
《孙中山全集》,第5卷,第200页

发扬民治之精神

专制国家,

人民是君主的奴隶;

共和国家,

人民是国家的主人,

官吏是人民的公仆。

《在粤军第一、二师恳亲会的演说》(1921年4月23日)
《孙中山全集》,第5卷,第522页

 孙中山箴言

发扬民治之精神,

涤除专制之余孽,

……

《致各省军政长官电》(1921年8月15日)
《孙中山全集》,第5卷,第588页

发扬民治之精神

望人人有民治之思想,

出而负责,

出而力行,

务须达到毋求他人扶助地步,

真正民治之精神,

方能贯注。

真正共和之幸福,

始能久享。

《在梧州群众欢迎会的训词》(1921年10月17日)
《孙中山全集》,第5卷,第619页

 孙中山箴言

真正民治,

则当实行分县自治,

盖县之范围有限,

凡关于其一乡一邑之利弊,

其人民见闻较切,

兴革必易,

且其应享之权利,

亦必能尽其监督与管理之责。

《在"俄国皇后号"邮船上的谈话》(1922年8月12日)
《孙中山集外集补编》,第296页

发扬民治之精神

人民表面上似无能力,

然要知对于某问题,

既得一种直觉之了解,

则实力异常伟大,

不使枪炮,

而其力大于枪炮十倍百倍而未已。

《与王用宾的谈话》(1923 年 1 月 26 日)
《孙中山全集》,第 7 卷,第 53—54 页

 **孙中山箴言**

真正的"全民政治",

必须先要有"民治",

然后才能够说真是"民有",真是"民享"。

《在广州全国青年联合会的演说》(1923年10月21日)
《孙中山全集》,第8卷,第324页

发扬民治之精神

国家的基础,

是建筑在人民思想之上。

……

只要改造人心,

除去人民的旧思想,

另外换成一种新思想,

这便是国家的基础革新。

《在广州对国民党员的演说》(1923年12月30日)
《孙中山全集》,第8卷,第572页

 **孙中山箴言**

帝国是由皇帝一个人专制,

民国是由全国的人民作主;

帝国是家天下,

民国是公天下。

《在广州商团及警察联欢会的演说》(1924 年 1 月 14 日)
《孙中山全集》,第 9 卷,第 58 页

发扬民治之精神

做人的最大事情是什么呢?

就是要知道怎么样爱国,

怎么样可以管国事。

《在广东第一女子师范学校校庆纪念会的演说》(1924年4月4日)
《孙中山全集》,第10卷,第19页

 孙中山箴言

把政府当作机器,

把人民当作工程师。

人民对于政府的态度,

就好比是工程师对于机器一样。

《三民主义·民权主义·第六讲》(1924年4月26日)
《孙中山全集》,第9卷,第348页

发扬民治之精神

许多人以为中国不适用民主政治，
因为人民知识程度太低。
我不信有这话，
我认（为）说这话的人还没有明白"权能"两字的意义。

《关于民主政治与人民知识程度关系的谈话》（1924年12月1日）
《孙中山全集》，第11卷，第431页

 孙中山箴言

人民知识程度虽低,

只要说得出"要到那里"一句话来,

就无害于民主政治。

《关于民主政治与人民知识程度关系的谈话》(1924年12月1日)
《孙中山全集》,第11卷,第432页

孙中山箴言

图民生之幸福

图民生之幸福

以农为经,

以商为纬,

本末备具,

巨细毕赅,

是即强兵富国之先声,

治国平天下之枢纽也。

《农功》(1891年前后)
《孙中山全集》,第1卷,第6页

 孙中山箴言

夫国以民为本,

民以食为天,

不足食胡以养民?

不养民胡以立国?

是在先养而后教,

此农政之兴尤为今日之急务也。

《上李鸿章书》(1894年6月)
《孙中山全集》,第1卷,第17页

图民生之幸福

文明之福祉，

国民平等以享之。

《中国同盟会革命方略》（1906年秋冬间）
《孙中山全集》，第1卷，第297页

 孙中山箴言

肇造社会的国家,

俾家给人足,

四海之内无一夫不获其所。

敢有垄断以制国民之生命者,

与众弃之!

《中国同盟会革命方略》(1906年秋冬间)
《孙中山全集》,第1卷,第297页

图民生之幸福

一面图国家富强,

一面当防资本家垄断之流弊。

此防弊之政策,

无外社会主义。

《在南京同盟会会员饯别会的演说》(1912年4月1日)
《孙中山全集》,第2卷,第323页

孙中山箴言

夫吾人之所以持民生主义者,

非反对资本,反对资本家耳,

反对少数人占经济之势力,垄断社会之富源耳。

《在上海南京路同盟会机关的演说》(1912年4月16日)
《孙中山全集》,第2卷,第338页

图民生之幸福

我中华之弱,

由于民贫。

余观列强致富之原,

在于实业。

今共和初成,

兴实业实为救贫之药剂,

为当今莫要之政策,

……

《〈在上海中华实业联合会欢迎会的演说〉,附:同题异文》(1912年4月17日
《孙中山全集》,第2卷,第341页

孙中山箴言

富强之道,

莫如扩张实行交通政策。

《在北京全国铁路协会欢迎会的演说》(1912年8月29日)
《孙中山全集》,第2卷,第420页

图民生之幸福

夫中国亦将自行投入实业漩涡之中。

盖实业主义为中国所必需，

文明进步必赖乎此，

非人力所能阻遏，

故实业主义之行于吾国也必矣。

《中国之铁路计划与民生主义》（1912年10月10日）
《孙中山全集》，第2卷，第492页

 孙中山箴言

缘社会主义本与专制政体极不相能，故不能存于专制政体之下。

《在上海中国社会党的演说》（1912年10月14日至16日）
《孙中山全集》，第2卷，第508页

图民生之幸福

社会主义者,

人道主义也。

人道主义,

主张博爱、平等、自由,

社会主义之真髓,

亦不外此三者,

实为人类之福音。

《在上海中国社会党的演说》(1912年10月14日至16日)
《孙中山全集》,第2卷,第510页

 **孙中山箴言**

社会主义既欲谋人类之幸福,

当先谋人类生存;

既欲谋人类之生存,

当研究社会之经济。

故社会主义者,

一人类经济主义也。

《在上海中国社会党的演说》(1912年10月14日至16日)
《孙中山全集》,第2卷,第510页

图民生之幸福

农以生之，

工以成之，

商以通之，

士以治之，

各尽其事，

各执其业，

幸福不平而自平，

权利不等而自等，

自此演进，

不难致大同之世。

《在上海中国社会党的演说》（1912年10月14日至16日）
《孙中山全集》，第2卷，第524页

孙中山箴言

社会主义之国家,

一真自由、平等、博爱之境域也。

《在上海中国社会党的演说》(1912年10月14日至16日)
《孙中山全集》,第2卷,第523页

图民生之幸福

实业之发展,

不仅为政治进步之所必需,

实亦为人道之根本。

《在东京实业家联合欢迎会的演说》(1913年2月21)
《孙中山全集》,第3卷,第19页

 孙中山箴言

外瞻世界之大势，

内察本国之利弊，

以日新又新之精神，

图民生之幸福。

《〈国民月刊〉出世辞》（1913年5月20日）
《孙中山全集》，第3卷，第63页

图民生之幸福

国人苟能多一实业，

则国家多一分之富力矣。

《在沪金星公司等欢送两院议员会上的演说》（1916 年 7 月 20 日）
《孙中山全集》，第 3 卷，第 332 页

孙中山箴言

欲上充国库，

必先下裕民生，

……

《致段祺瑞函》（1916年9月上旬）
《孙中山全集》，第3卷，第360页

图民生之幸福

钱币者，

文明之一重要利器也。

世界人类自有钱币之后，

乃能由野蛮一跃而进文明也。

《建国方略·孙文学说·第二章 以用钱为证》（1917-1919年）
《孙中山全集》，第6卷，第174页

 孙中山箴言

夫国之贫富,

不在钱之多少,

而在货之多少,

并货之流通耳。

《建国方略·孙文学说·第二章 以用钱为证》(1917-1919年)
《孙中山全集》,第6卷,第176页

图民生之幸福

机器与钱币之用,

在物质文明方面,

所以使人类安适繁华,

而文字之用,

则以助人类心性文明之发达。

实际则物质文明与心性文明相待,

而后能进步。

《建国方略·孙文学说·第三章 以作文为证》(1917–1919年)
《孙中山全集》,第6卷,第180页

 孙中山箴言

欲兴中国之实业,

非致数十万万匹马力之机器不可,

然致此机器,非一时所能也。

经济先进之国,

以百数十年之心思劳力而始得之;

经济后进之国,

以借外资而立致之,

遂成富国焉,如美国、英国是也。

今日欲谋富国足民,舍外资无他道也。

《复李村农函》(1919 年秋)
《孙中山全集》,第 5 卷,第 121—122 页

图民生之幸福

私人之垄断,

渐变成资本之专制,

致生出社会之阶级、贫富之不均耳。

《中国实业如何能发展》(1919年10月10日)
《孙中山全集》,第5卷,第135页

 孙中山箴言

是则为利,

利可为也;

非则为害,

害不可为也。

《在桂林对滇赣粤军的演说》(1921年12月10日)
《孙中山全集》,第6卷,第19页

图民生之幸福

国民党之民生主义,

其最要之原则不外二者:

一曰平均地权;二曰节制资本。

……

举此二者,

则民生主义之进行,

可期得良好之基础。

《中国国民党第一次全国代表大会宣言》(1924年1月23日)
《孙中山全集》,第9卷,第120页

 孙中山箴言

建设之首要在民生。

故对于全国人民之食衣住行四大需要,

政府当与人民协办,

共谋农业之发展,以足民食;

共谋织造之发展,以裕民衣;

建筑大计划之各式屋舍,以乐民居;

修治道路、运河,以利民行。

《国民政府建国大纲》(1924年1月23日)
《孙中山全集》,第9卷,第126—127页

图民生之幸福

民生就是人民的生活

——社会的生存、国民的生计、群众的生命便是。

《三民主义·民生主义·第一讲》(1924年8月3日)
《孙中山全集》，第9卷，第355页

 孙中山箴言

民生主义就是社会主义，

又名共产主义，

即是大同主义。

《三民主义·民生主义·第一讲》（1924年8月3日）
《孙中山全集》，第9卷，第355页

图民生之幸福

民生为社会进化的重心,

社会进化又为历史的重心,

归结到历史的重心是民生,

不是物质。

《三民主义·民生主义·第一讲》(1924年8月3日)
《孙中山全集》,第9卷,第365页

 孙中山箴言

照欧美近几十年来社会上进化的事实看，
最好的是分配之社会化。
消灭商人的垄断，
多征资本家的所得税和遗产税，
增加国家的财富，
更用这种财富来把运输和交通收归公有，
以及改良工人的教育、卫生和工厂的设备，
来增加社会上的生产力。

《三民主义·民生主义·第一讲》（1924年8月3日）
《孙中山全集》，第9卷，第368页

图民生之幸福

社会之所以有进化,

是由于社会上大多数的经济(利益)相调和,

不是由于社会上大多数的经济利益有冲突。

社会上大多数的经济利益相调和,

就是为大多数谋利益。

大多数有利益,

社会才有进步。

《三民主义·民生主义·第一讲》(1924年8月3日)
《孙中山全集》,第9卷,第369页

 孙中山箴言

阶级战争不是社会进化的原因,

阶级战争是社会当进化的时候所发生的一种病症。

这种病症的原因,

是人类不能生存。

因为人类不能生存,

所以这种病症的结果,

便起战争。

《三民主义·民生主义·第一讲》(1924年8月3日)
《孙中山全集》,第9卷,第369页

图民生之幸福

民生就是社会一切活动中的原动力。

因为民生不遂,

所以社会的文明不能发达,

经济组织不能改良,和道德退步,

以及发生种种不平的事情。

像阶级战争和工人痛苦,

那些种种压迫,

都是由于民生不遂的问题没有解决。

所以社会中的各种变态都是果,

民生问题才是因。

《三民主义·民生主义·第二讲》（1924年8月10日）
《孙中山全集》,第9卷,第386页

 孙中山箴言

民生主义和资本主义根本上不同的地方,

就是资本主义是以赚钱为目的,

民生主义是以养民为目的。

有了这种以养民为目的的好主义,

从前不好的资本制度便可以打破。

但是我们实行民生主义来解决中国的吃饭问题,

对于资本制度只可以逐渐改良,

不能够马上推翻。

《三民主义·民生主义·第三讲》(1924年8月17日)
《孙中山全集》,第9卷,第410页

图民生之幸福

解决农民的痛苦，
归结是要耕者有其田。

《在广州农民运动讲习所第一届毕业礼的演说》（1924年8月21日）
《孙中山全集》，第10卷，第558页

孙中山箴言

开放门户

开放门户

国家与国家的关系,

正像个人与个人的关系。

从经济上看,

一个人有一个穷苦愚昧的邻居还能比他有一个富裕聪明的邻居合算吗?

《支那问题真解》(1904年8月31日)
《孙中山全集》,第1卷,第254页

孙中山箴言

我若改变闭关主义而为开放主义，各国对于我国种种之希望，必不能再肆其无理之要求。

《在北京迎宾馆答礼会的演说》（1912年9月5日）
《孙中山全集》，第2卷，第448页

开放门户

今日欲救外交上之困难，

惟有欢迎外资，

一变向来闭关自守主义，

而为门户开放主义。

《在北京迎宾馆答礼会的演说》（1912年9月5日）
《孙中山全集》，第2卷，第449页

孙中山箴言

中国人向富于排外性质,

与今之世界甚不相宜。

……

以前事事不能进步,

均由排外自大之故。

今欲急求发达,

则不得不持开放主义。

利用外资,利用外人,

皆急求发达我国家之故,不得不然者。

《在济南各团体欢迎会的演说》(1912年9月27日)
《孙中山全集》,第2卷,第481页

开放门户

现世界各国通商,

吾人正宜迎此潮流,

行开放门户政策,

以振兴工商业。

《在上海报界公会欢迎会的演说》(1912年10月12日)
《孙中山全集》,第2卷,第499页

孙中山箴言

现今世界日趋于大同,
断非闭关自守所能自立,
但开放门户,
仍须保持主权。

《在南京国民党及各界欢迎会的演说》(1912年10月22日)
《孙中山全集》,第2卷,第530页

开放门户

开放门户，

不论强弱，

能行此政策，

必能收效。

《在南京国民党及各界欢迎会的演说》（1912年10月22日）
《孙中山全集》，第2卷，第530页

孙中山箴言

我国向多持保守主义,

忽聆开放门户之说,

必多反对。

不知即以修造铁路一事而言,

如不恃开放主义,

则吾国人必无此财力,

虽有政策,

亦徒托之空言。

《在南京国民党及各界欢迎会的演说》(1912年10月22日)
《孙中山全集》,第2卷,第530页

开放门户

要想实业发达，

非用门户开放主义不可。

《在安徽都督府欢迎会的演说》（1912年10月23日）
《孙中山全集》，第2卷，第532页

 孙中山箴言

经济上之发达,

自然力、人力、资本三者皆有钜效。

而今日谋中国之发达者,

不患自然力之不充,人力之不足,

所缺者资本而已。

……

而此少许之资本,

又甚易输入者也。

《中国存亡问题》(1917年5日)
《孙中山全集》,第4卷,第52页

开放门户

夫以中国之地位，

中国之富源，

处今日之时会，

倘吾国人民能举国一致，

欢迎外资，欢迎外才，

以发展我之生产事业，

则十年之内吾实业之发达必能并驾欧美矣。

《建国方略·孙文学说·第七章 不知亦能行》（1917—1919 年）
《孙中山全集》，第 6 卷，第 227 页

孙中山箴言

以国家实业所获之利,

归之国民所享,

庶不致再蹈欧美今日之覆辙,

……

《中国实业如何能发展》(1919年10月10日)
《孙中山全集》,第5卷,第135页

开放门户

我的建议是：

美国的资本家们与中国人联合，

共同开发中国的实业。

美国人提供机器，

负担外国专家们的开支；

中国人提供原料和人力。

合作的基础建立于平等互惠的原则上。

《中国人之直言》（1920年4月3日）
《孙中山全集》，第5卷，第249页

孙中山箴言

国家最大的问题就是政治

国家最大的问题就是政治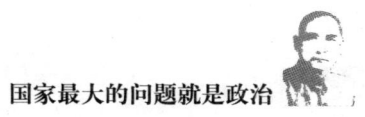

贪污行贿,

任用私人,

以及毫不知耻地对于权势地位的买卖,

在中国并不是偶然的个人贪欲、环境或诱惑所产生的结果,

而是普遍的,

是在目前政权下取得或保持文武公职的唯一的可能条件。

《中国的现在和未来》(1897年3月1日)
《孙中山全集》,第1卷,第102页

 **孙中山箴言**

我国人多不知国与己身之关系,
每顾个人之私事而不为国出力,
不知国与己身之关系如身体之于发肤,
刻不可无。

《在中国同盟会葛仑分会成立大会的演说》(1911年6月25日)
《孙中山全集》,第1卷,第523页

国家最大的问题就是政治

欲造神圣庄严之国,

必有优美高尚之民,

以无良民质则无良政治,

无良政治则无良国。

《中国同盟会意见书》(1911 年 12 月 30 日)
《孙中山全集》,第 1 卷,第 578 页

 孙中山箴言

政治之势力，

可为大善，

亦能为大恶，

吾国人民之艰苦，

皆不良之政治为之。

《在广州岭南学堂的演说》（1912年5月7日）
《孙中山全集》，第2卷，第359页

国家最大的问题就是政治

上而监督政府,

下而开导人民,

为全国文明进化之导引线。

故报界之力量日大,

则国家之文明程度日高。

《〈在北京报界欢迎会的演说〉,附:同题异文》(1912年9月2日)
《孙中山全集》,第2卷,第434页

 孙中山箴言

凡我国民,

均应互相团结,

以致共和政治于完善之域。

人人之志愿,

均应为人民求幸福,

为国家求独立,

而国家乃进于强盛,

共和之目的乃可达到。

《在北京广济庙与旗人的谈话》(1912年9月17日)
《孙中山全集》,第2卷,第469—470页

国家最大的问题就是政治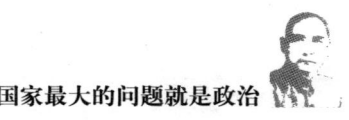

能使国家进步、国民安乐者,

乃为良政治;

能有使国家进步、国民安乐之政策者,

乃为良政党。

《〈国民月刊〉出世辞》(1913年5月20日)
《孙中山全集》,第3卷,第64页

 孙中山箴言

今日国民最要者,

是看定新潮流可以救国,

抑旧潮流可以救国?

国民要有是非心,

有是非心又要有坚决心,

着实做去国民才有进步。

《在汕头各界欢迎会上的演说》(1917年7月12日)
《孙中山全集》,第4卷,第113页

国家最大的问题就是政治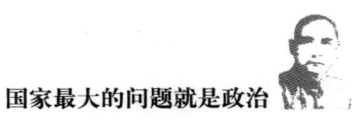

政治里面有两个潮流,

一个是自由底潮流,

一个是秩序底潮流。

政治中有这两个力量,

正如物理之有离心力与归心力。

……

两力平均,方能适当。

此犹自由太过,则成为无政府;

秩序太过,则成为专制。

《在广东省教育会的演说》(1921年4月4日)
《孙中山全集》,第5卷,第491页

 孙中山箴言

政治的力量,

足以改造人心、改造社会,

为用至弘,

成效至著。

《在广东省第五次教育大会闭幕式的演说》(1921年6月30日)
《孙中山全集》,第5卷,第563页

国家最大的问题就是政治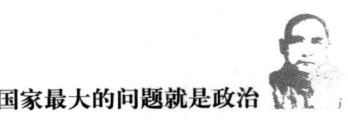

国家者载民之舟也,

舟行大海中,

猝遇风涛,

当同心互助,

以谋共济。

《在桂林广东同乡会欢迎会的演说》(1922年1月4日)
《孙中山全集》,第6卷,第56页

 孙中山箴言

故吾人今日由旧国家变为新国家,

当铲锄旧思想,

达(发)发(达)新思想。

新思想者何?

即公共心。

《在桂林广东同乡会欢迎会的演说》(1922年1月4日)
《孙中山全集》,第6卷,第56页

国家最大的问题就是政治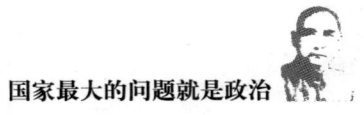

不爱汝乡,安能爱国?

《对白逾桓的声言》(1922年8月)
《孙中山集外集补编》,第302页

 **孙中山箴言**

如果有了良政府,

社会的文明便有进步,

便进步得很快。

若是有了不良政府,

社会的文明,

便进步得很慢,

便没有进步。

《在广州全国青年联合会的演说》(1923 年 10 月 21 日)
《孙中山全集》,第 8 卷,第 318 页

国家最大的问题就是政治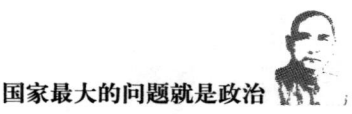

有一种志气,

是大家公共的志,

众人都向此做去,

便容易成功,

所谓"众志成城"。

《在广州对国民党员的演说》(1923 年 12 月 30 日)
《孙中山全集》,第 8 卷,第 568 页

 **孙中山箴言**

几世纪以前,

中国为现代世界上各文明国之冠。

到了现在,

中国文化停滞,

西方各国驾乎我上,

我反瞠乎其后。

这全由于中国政治背道而驰。

《与克拉克的谈话》(1924年1月27日)
《孙中山全集》,第9卷,第151页

国家最大的问题就是政治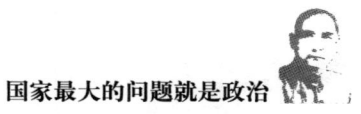

国家最大的问题就是政治,

如果政治不良,

在国家里头无论什么问题都不能解决。

《三民主义·民权主义·第三讲》(1924年)
《孙中山全集》,第9卷,第297页

 **孙中山箴言**

政治和经济两个问题,

总是有连带关系的,

如果不问政治,

怎么样能够解决经济的面包问题来要求面包呢?

《三民主义·民权主义·第三讲》(1924年)
《孙中山全集》,第9卷,第298页

国家最大的问题就是政治

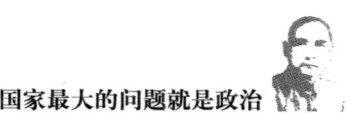

我们三民主义的意思，

就是民有、民治、民享。

这个民有、民治、民享的意思，

就是国家是人民所共有，

政治是人民所共管，

利益是人民所共享。

《三民主义·民生主义·第二讲》（1924年8月10日）
《孙中山全集》，第9卷，第394页

孙中山箴言

政治良否,

视人与法。

人治之系于长吏赏罚,

与人民监督固也;

法治之精,

则首在权能分职,

俾得各展其长,

不复重为民病。

《讨伐曹锟贿选总统檄文》(1924年)
《孙中山全集》,第11卷,第535—536页

孙中山箴言

只有以人就法,不可以法就人

只有以人就法，不可以法就人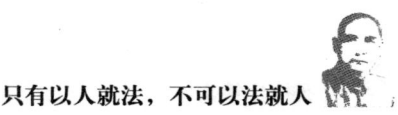

夫法律者，

治之体也，

权势者，

治之用也，

体用相因，

不相判也。

《驳保皇报书》（1904年1月）
《孙中山全集》，第1卷，第236页

 孙中山箴言

人贵自重,

须知国无法则不立,

如其犯法,

则政府不得不以法惩治之。

惟自纳于范围之中,

自免此祸,

此相安之理由也。

《在广东中国同志竞业社欢迎会的演说》(1912年5月6日)
《孙中山全集》,第2卷,第359页

只有以人就法，不可以法就人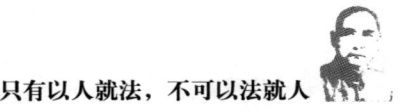

奉大法以治国，

依民意以御暴，

……

《致黎元洪伍廷芳电》（1917年6月10日）
《孙中山全集》，第4卷，第104页

孙中山箴言

共和政治,

以法律为纲。

《申张讨逆护法令》(1917年11月18日)
《孙中山全集》,第4卷,第240页

只有以人就法,不可以法就人

国家宪法良,则国强;

宪法不良,则国弱。

强弱之点,尽在宪法。

《宴请国会及省议会议员时的演说》(1918年2月7日)
《孙中山全集》,第4卷,第331页

 孙中山箴言

今日办法只有以人就法，不可以法就人。

《接见国会议员代表的谈话》（1918 年 4 月 13 日）
《孙中山全集》，第 4 卷，第 444 页

只有以人就法,不可以法就人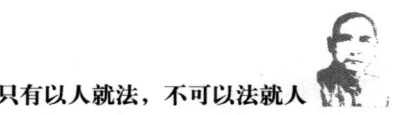

国于天地,

必有与立,

民主政治赖以维系不敝者,

其根本存于法律,

而机枢在于国会。

《辞大元帅职临行通电》(1918年5月21日)
《孙中山全集》,第4卷,第480页

 孙中山箴言

国中无论何人及何种势力，

均应纳服于法律之下，

不应在法律之外稍有活动。

《与戊午爱信社记者的谈话》（1918年10月27日）
《孙中山集外集补编》，第235页

只有以人就法，不可以法就人

国于天地，

恃法律而存在。

《复徐树铮电》（1919年11月26日）
《孙中山全集》，第5卷，第169页

 孙中山箴言

乱莫甚于坏法,

奸莫大于卖国。

《南北和谈通电》(1920年7月下旬)
《孙中山全集》,第5卷,第293页

只有以人就法,不可以法就人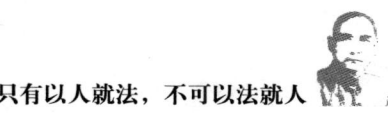

宪法者,

国家之构成法,

亦即人民权利之保障书也。

《〈中华民国宪法史〉前编序》(1920年8月)
《孙中山全集》,第5卷,第319页

 孙中山箴言

能除弊方能确立司法的尊严；

能便民方能完成司法的效用。

《与大本营法制委员的谈话》（1924年4月18日）
《孙中山全集》，第10卷，第86页

孙中山箴言

中国的觉醒

中国的觉醒

每一精明的观察者,

都认为它是一个前程远大的国家;

倘能使中国人民认识到自己的力量和资源

并对其加以适当利用,

则中国将来定能成为最大的强国。

《致麦格雷戈夫人函》(1903年12月9日)
《孙中山全集》,第1卷,第225页

 孙中山箴言

如果中国人能够自主，

他们即会证明是世界上最爱好和平的民族。

《附：中国问题的真解决》（1904年8月31日）
《孙中山全集》，第1卷，第253页

中国的觉醒

中国的觉醒以及开明的政府之建立,

不但对中国人,

而且对全世界都有好处。

《附:中国问题的真解决》(1904年8月31日)
《孙中山全集》,第1卷,第253页

 孙中山箴言

一旦我们革新中国的伟大目标得以完成,

不但在我们的美丽的国家将会出现新纪元的曙光,

整个人类也将得以共享更为光明的前景。

普遍和平必将随中国的新生接踵而至,

一个从来也梦想不到的宏伟场所,

将要向文明世界的社会经济活动而敞开。

《附:中国问题的真解决》(1904 年 8 月 31 日)
《孙中山全集》,第 1 卷,第 255 页

中国的觉醒

占世界人口四分之一的国家的复兴，将是全人类的福音。

《致鲁赛尔函》（1906年11月8日）
《孙中山全集》，第1卷，第319页

 孙中山箴言

亡国人世界无位置也。

《在中国同盟会葛仑分会成立大会的演说》(1911年6月25日)
《孙中山全集》, 第1卷, 第523页

中国的觉醒

中国,

由于它的人民性格勤劳和驯良,

是全世界最适宜建立共和政体的国家。

在短期间内,

它将跻身于世界上文明和爱好自由国家的行列。

《我的回忆》(1911年11月中旬)
《孙中山全集》,第1卷,第558页

 孙中山箴言

永雪亚东病夫之耻，

长保中夏清明之风。

《严禁鸦片通令》（1912年3月2日）
《孙中山全集》，第2卷，第155页

中国的觉醒

至于军人所最重要者,

以能忍耐为第一要义,

以保障民权、保障领土为应尽之义务,

至于武力二字,

系对外的,

不是对内的。

对内以公理相争,

方不碍大局。

《在北京军警界欢迎会的演说》(1912年8月30日)
《孙中山集外集补编》,第95页

 孙中山箴言

凡其国民具独立不挠之精神者,

人以尊重其独立为有利,

即从国际利害打算,

亦必(不)敢轻犯其独立。

《中国存亡问题》(1917年5月)
《孙中山全集》,第4卷,第95页

中国的觉醒

中国利用自己的原料与自己的劳力，

制造自己所需要的物品的日子很快即会到来。

《中国人之直言》(1920年4月3日)
《孙中山全集》，第5卷，第247—248页

 孙中山箴言

中国迟早是要自己制造自己需要的东西。

你们的产品将不再能够在中国与中国的国货竞争。

《中国人之宣言》(1920年4月3日)
《孙中山全集》,第5卷,第249页

中国的觉醒

以国家为重者为国友,

争私人权利者为国仇。

从前交换勾结之习,

皆认国家在后,

私人在前,

长此相沿,

何以对国家人民,

……

《对奉直两系派代表至粤的宣言》(1922年2月21日)
《孙中山全集》,第6卷,第85页

 孙中山箴言

发展文明,

非仅关于财富一方面(即物质文明),

并负谋人民之幸福与安全(精神文明)。

所谓世界大国其福民往往多于富民,

余信欲到此项目的,

非发展中国实业不可,

……

《对外宣言》(1922年8月17日)
《孙中山全集》,第6卷,第525页

中国的觉醒

慎重地开发中国广大的天然和其他资源。

开发资源不仅仅是为了富有,

而更重要的是为了我国人民的满足和幸福。

《〈对外宣言〉,附:孙逸仙宣言》(1922年8月17日)
《孙中山全集》,第6卷,第528页

 **孙中山箴言**

我认为一个国家的伟大,

不在于它的人民富有,

而在于它的人民幸福。

《〈对外宣言〉,附:孙逸仙宣言》(1922年8月17日)
《孙中山全集》,第6卷,第528页

中国的觉醒

欲图长治久安之道,

必含[舍]武力而趋实业。

《致刘成勋函》(1922年10月22日)
《孙中山全集》,第6卷,第580页

 孙中山箴言

用武力去征服人,

完全是假的;

用主义去征服人,

那才是真的。

《在广州欢宴各军将领会上的演说》(1923年12月2日)
《孙中山全集》,第8卷,第478页

中国的觉醒

中国如果强盛起来,

我们不但是要恢复民族的地位,

还要对于世界负一个大责任。

如果中国不能够担负这个责任,

那末中国强盛了,

对于世界便有大害,

没有大利。

《三民主义·民族主义·第六讲》(1924年3月2日)
《孙中山全集》,第9卷,第253页

 孙中山箴言

革命终有成功之日，
中国终有强盛之日。

《在广州石围塘检阅滇军的演说》（1924年4月4日）
《孙中山全集》，第10卷，第33页

孙中山箴言

世界潮流，浩浩荡荡

世界潮流，浩浩荡荡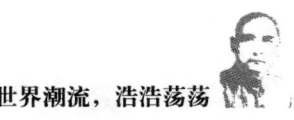

窃尝深维欧洲富强之本，

不尽在于船坚炮利、垒固兵强，

而在于人能尽其才，地能尽其利，

物能尽其用，货能畅其流

——此四事者，

富强之大经，治国之大本也。

我国家欲恢扩宏图，勤求远略，

仿行西法以筹自强，而不急于此四者，

徒惟坚船利炮之是务，是舍本而图末也。

《上李鸿章书》（1894年6月）
《孙中山全集》，第1卷，第8页

 孙中山箴言

我们为志士的，

总要择地球上最文明的政治法律来救我们中国，

最优等的人格来待我们四万万同胞。

《在东京中国留学生欢迎大会的演说》（1905年8月13日）
《孙中山全集》，第1卷，第281页

世界潮流,浩浩荡荡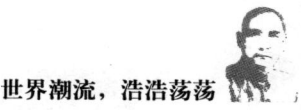

直到最近几年,

现代文明还没有触动过中国,

直到目前我们还没有尝到它的善果,

也没有受到它的恶果。

《复鲁赛尔函》(1906年11月26日)
《孙中山全集》,第1卷,第322页

 **孙中山箴言**

夫时势者,

人事之变迁也;

自然者,

天理之一定也。

《平实开口便错》(1908年10月9日)
《孙中山全集》,第1卷,第386页

世界潮流,浩浩荡荡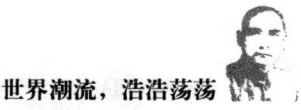

四海兄弟,

万邦归一。

《为石井晓云题词》(1909年)
《孙中山全集》,第1卷,第433页

 孙中山箴言

现在世界文明未达极点,

人数(类)智识,犹不免于幼稚,

故以武装求和平,强凌弱,大欺小之事,

时有所闻。

然使文明日进,智识日高,

则必能(推)广其博爱主义,

使全世界合为一大国家,

亦未可定。

《在北京五族共和合进会与西北协进会的演说》(1912年9月3日)
《孙中山全集》,第2卷,第439页

世界潮流，浩浩荡荡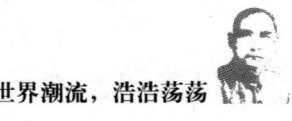

强权虽合于天演之进化，

而公理实难泯于天赋之良知。

故天演淘汰为野蛮物质之进化，

公理良知实道德文明之进化也。

社会组织之不善，

虽限于天演，

而改良社会之组织，

或者人为之力尚可及乎？

《在上海中国社会党的演说》（1912年10月14日至16日）
《孙中山全集》，第2卷，第507—508页

 孙中山箴言

古来学说,

只求一人之利益,

不顾大家之利益。

今世界日进文明,

此种学理,

都成野蛮时代之陈谈,

不能适用于今日。

《在东京中国留学生欢迎会的演说》(1913年2月23日)
《孙中山全集》,第3卷,第25页

世界潮流,浩浩荡荡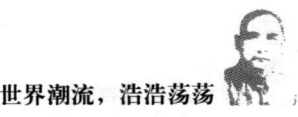

将来世界上总有和平之望,

总有大同之一日,

此吾人无穷之希望,

最伟大之思想。

《在东京中国留学生欢迎会的演说》(1913年2月23日)
《孙中山全集》,第3卷,第25页

孙中山箴言

世界之进步无极，
……

《〈国民月刊〉出世辞》（1913年5月20日）
《孙中山全集》，第3卷，第62页

世界潮流,浩浩荡荡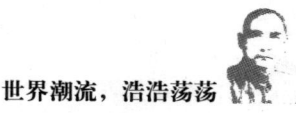

世界潮流,

浩浩荡荡;

顺之则昌,

逆之则亡。

《题词》(1916年9月5日)

 孙中山箴言

国际上之真结合，

必在乎共通之利害。

《中国存亡问题》（1917年5月）
《孙中山全集》，第4卷，第55页

世界潮流,浩浩荡荡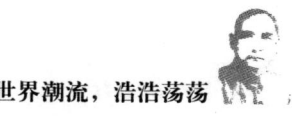

夫如是,

乃能万众一心,

急起直追,

以我五千年文明优秀之民族,

应世界之潮流,

而建设一政治最修明、人民最安乐之国家,

为民所有、为民所治、为民所享者也。

《建国方略·孙文学说·自序》(1917—1919年)
《孙中山全集》,第6卷,第159页

 孙中山箴言

夫事有顺乎天理，应乎人情，

适乎世界之潮流，

合乎人群之需要，

而为先知先觉者所决志行之，

则断无不成者也，

此古今之革命维新、兴邦建国等事业是也。

《建国方略·孙文学说·不知亦能行》（1917—1919年）
《孙中山全集》，第6卷，第228页

世界潮流,浩浩荡荡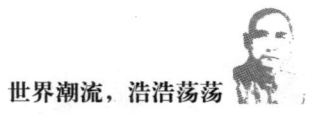

无论何种国民,

生于何国,

皆当有其国,

治其国,

享其国,

而成为独立、自由之国民,

此乃天经地义,责无旁贷者也。

《在广西阳朔人民欢迎会的演说》(1921年11月29日)
《孙中山全集》,第5卷,第636页

 孙中山箴言

君权之不能战胜民权，

为世界潮流，

为古今公例，

不可强而致也。

《在桂林对滇赣粤军的演说》（1921年12月10日）
《孙中山全集》，第6卷，第26页

世界潮流，浩浩荡荡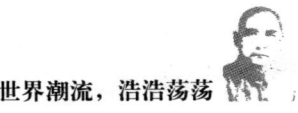

强权盛则公理衰，

武力张则文治弛。

《和平统一宣言》（1923年1月26日）
《孙中山全集》，第7卷，第50页

 孙中山箴言

对于世界诸民族，

务保持吾民族之独立地位。

发扬吾固有之文化，

且吸收世界之文化而光大之，

以期与诸民族并驾于世界，

以驯致于大同，

……

《中国革命史》（1923年1月29日）
《孙中山全集》，第7卷，第60页

世界潮流,浩浩荡荡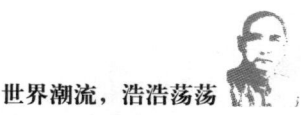

世界潮流的趋势,

好比长江、黄河的流水一样,

水流的方向或者有许多曲折,

向北流或向南流的,

但是流到最后一定是向东的,

无论是怎么样都阻止不住的。

所以世界的潮流,

由神权流到君权,由君权流到民权;

现在流到了民权,便没有方法可以反抗。

《三民主义·民权主义·第一讲》(1924年3月9日)
《孙中山全集》,第9卷,第267页

 孙中山箴言

我们拿欧美已往的历史来做材料,

不是要学欧美,

步他们的后尘;

是用我们的民权主义,

把中国改造成一个"全民政治"的民国,

要驾乎欧美之上。

《三民主义·民权主义·第四讲》(1924年4月13日)
《孙中山全集》,第9卷,第314页

世界潮流,浩浩荡荡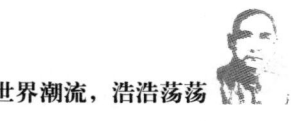

我们能够照自己的社会情形,

迎合世界潮流做去,

社会才可以改良,

国家才可以进步;

如果不照自己社会的情形,

迎合世界潮流去做,

国家便要退化,

民族便受危险。

《三民主义·民权主义·第五讲》(1924年4月20日)
《孙中山全集》,第9卷,第320页

 孙中山箴言

我们现在改良政治,

便不可学欧美从前的旧东西,

要把欧美的政治情形考察清楚,

看他们政治的进步究竟是到了什么程度,

我们要学他们的最新发明,

才可以驾乎各国之上。

《三民主义·民权主义·第六讲》(1924年4月26日)
《孙中山全集》,第9卷,第342页

世界潮流,浩浩荡荡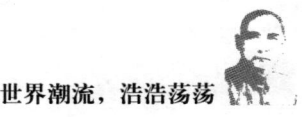

现在世界的潮流,

都是进到新的文明。

我们如果大家能醒起来,

向新的文明这条路去走,

我们才可以跟得到各国来追向前去。

《应上海〈中国晚报〉所作的留声演说》(1924年5月30日)
《孙中山全集》,第10卷,第237页

 孙中山箴言

世界潮流已为民气所激荡，

有一日千里之势。

吾人内觇国情，

外察大局，

惟本互助之主义，

奋斗之精神，

以顺应趋势，

积极进行。

《致粕谷义三函》（1924 年 9 月 18 日）
《孙中山全集》，第 11 卷，第 79 页

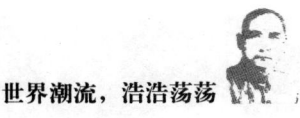

世界潮流，浩浩荡荡

反乎正义人道的行为，

永久是要失败的。

《对神户商业会议所等团体的演说》，1924年11月28日
《孙中山全集》，第11卷，第408页

断发改装,1896年摄于美国